JN439822

향단이 생각

정홍순 시집

문학의전당 시인선
344

향단이 생각

정홍순 시집

문학의전당

시인의 말

어쩌다 뒤집으면 되레 환한 때가 있다.

한쪽으로만 너무 썼다.
아찔하다.

아찔한 끝 환해지도록
타일러야겠다, 어둡다.

환하게 걸어가고 싶다.

2021년 9월
정홍순

차례

제2부

제3부

제4부

제1부

카타콤

겨울 상주처럼 물집 서린 발바닥 집어넣었다 생의 조각들 조심히 디뎌가며 이생의 안부 전했다 더듬더듬 흙 속에 필사한 몸들의 방식 읽고 방종한 내 삶을 반성했다 종잇장같이 젖어 누운 첩첩 둘러 밀봉한 그들의 더 깊은 자리로 들어갔다 푸른 얼굴로 천년을 거슬러야 닿을까 또 하나의 지실(地室)에 머물러 섰다 하늘이 꽤 멀어졌다 내실의 끝 뼈의 벽 칸칸이 넘어 헤치고 격자로 새길 비문(碑文) 한 줄 몰래 도굴하였다

저승의 글 물고 날아가는 저 하늘에 머리터럭 한 올 묶어 휘갈겨 몇 자 쓰고 죽어야겠다

입만 슬프다

사과나무 껍질로 만든 잉크가
어떤 색과 느낌이었는지
글자에게는 무척 친절했는지
릴케를 만나면 물어봐야겠다

조금만 더 시간 달라고 조른
일곱 날과
일곱 면의 고독에 쓰여 있을
슬픈 것들을 부탁해야겠다

내 심장은 북극이 녹아내리면서부터
슬픈 것도 없어지기 시작하였다
이글루 안에 풀들이 자라났다

릴케가 만났던 여자들
나에게도 이모들, 어느 날 시작된
어머니의 형제들이 빙하의 족보 속에서
난대림을 끌고 나왔다

이모들
밥집, 찻집, 시장, 거리거리
아가씨나 처녀이긴 하지만 그래도
이모들

요양병원 이모들 가운데 불러들인
그녀의 마지막,
단 한 사람 큰딸 말고는
마스크가 다행스럽게 입만 슬픈 날

정원에 포도 꽃이 흘러내리며 피어났다

프라하의 밤

사월, 비 내리는 프라하
돌사과꽃 가만가만 밤 받쳐 들었다
가로등 헤치고
수런수런 피고 있는 마로니에
눈부시지 마라
조등처럼 밝히지도 마라
라일락 언덕에 강바람이 차다
말발굽 소리, 늦은 저녁 꽃 몰아
수작 걸어본들
쳐다보지도 않는 냉이꽃
민들레꽃
우리들 천박한 얼굴로 슬프겠느냐
조선의 역사에
변주할 수 없는 드보르작의 선율이
아리랑, 아리랑 울 수 있느냐
전쟁 없는 역사는 역사도 아니다
상처 받아보지 않은 모든 것은
봄이 가기 전 떠났다

칭칭 감아 피는 등꽃 프라하
우리에게도 봄이 있다
밤새 출렁이는 프라하
업어치기 한판 걸어 내일은
꽃으로 주저앉히고 말없이 빛나는
역사 앞으로 떠나야겠다

비텐베르크 광장에서

오백 년이었다 거룩한 이름으로 봄이 자라기까지 루터와 멜랑히톤의 뜨거운 우정은 세기를 바꾸었다 침묵으로 배운 깊고 단단한 나무, 참나무가 언젠가는 세기 앞에 당당해지리라 믿으며 심은 비텐베르크의 루터, 오백 년 지나 오늘 우리는 낯선 성황당 나무 돌며, 우르르 부정 떨쳐 내리라 믿는다 한순간 부정해보았는가, 미칠 만큼 처절해보았는가, 광장 지나 집으로 가는 길 떨어지지 않는 발길로 걸어봤는가, 괜히 후회해보지 않았는가, 광장은 늘 쓸쓸하거나 사납다 광장에 서서 아니오, 아니오, 실성하다 수의(壽衣) 한 벌 얻을 수 있다면 뜻 버리지 말 것, 늘 외통수로 걸리는 길은 좁은 것, 사람들은 그래서 스스로 속는 법을 외치기도 하였다

누가 오늘 빈 광장에 우뚝 서 주려는가, 청동의 때 덕지덕지 낀 루터가 되어 주려는가

아우슈비츠 수용소

비 내리는 프라하에서 대평원의 땅 폴란드 아우슈비츠로 간다 가도 가도 초원은 끝이 없다 붉은 소나무와 자작나무, 감자밭 지나 유럽의 중앙까지 국경을 넘는다 헬렌의 사랑 같은 비스와 강은 말없이 흐르고, 철길은 빗물에 잠겨 울고 있다 어린 누나와 손잡고 영혼 없는 길 걸었던, 유대인의 아들처럼 나는 철없는 길을 걷는다 다시 돌아갈 고향 집과 그리운 우리들의 시간이 아직 남아 있지만, 이중 철책에 던진 소년의 가녀린 손, 푸르게 솟는 자작나무가 노동의 문 앞에 섰다 위대한 족보 벗겨지고, 기프트 가스에 사라진 한 줌의 목숨은 무엇인가 별처럼 빛나던 누나의 눈망울, 잘려진 댕기머리, 촐싹거리던 빨간 구두, 따뜻한 국물 뜨고 싶던 조갈치, 북두칠성 무너져, 이제 어머니 머리카락 짚신 삼아 신고 고향 가고 싶어요 앞산 구름 따라 강비 그치면 꽃댕기 늘이고 파란 언덕 구르고 싶어요 그렇게 망망히 바라보던 눈망울, 소년의 하늘에 나는 한 줄기 바람이었다

---

*조갈치: 국자의 여수 방언.

람세스의 콘돔

부드러운 양 창자 한 가닥 끊어
깐깐한 애첩들 생각고 잘 고안됐다는
람세스의 애장품이다

풍선이랍시고 불어대던
몽산포 민박집 친구 녀석
생기발랄한 감동 엮어낼 때마다
그놈 입담이 제일 재밌었던 춘화
개침 흘리며 노상 엎어져 자던
녀석의 관음이 자라나
유리벽 헤치고
애급신의 기구 들여다보고 있다

사내들의 소소한 반영구와
일회용의 차이가 가늠 난다
세기 속을 유영하는 유충들의 보호막
'창자를 끼우다'에서
나일강에 쓰러진 갈대처럼

꼼꼼히 묶었던 매듭이 풀어져 있다

생의 판결 앞에 불멸을 꿈꾸던
왕의 애까심
피라미드가 떨리고
위대한 왕조가 쭈그러진 채
사그라지고 있는 나의 관음이 슬프다

리비도

까맣게 그을린 아궁이가 쩍 벌어져 있다
꺼질 듯한 불씨
붉은 실 한 타래 늘어져 흐르고
사방에 짐승이 오락가락하는
그림의 제목은 리비도
잠자던 에너지가 살아나온다
춥다,
움츠린 몸이 춥다
빨랫줄에 시래기가 마른다
깜박 잊어버린 빨래
낡은 함석집 겨울 생각을 말리고 있다
허공,
다른 비상 꿈꾸며 매달아
계곡에 던져진 몸뚱어리도 있다
통점, 새
산에 한가로이 파묻은 늙은 시 속에서
드로잉으로 잡힌 한 여인의 누드가
예술이 되기까지

정지된 파도의 격정처럼 부서지기까지
은빛 강 삿대질하는 배
아랫도리 불근불근 가로질러
단단한 못에 고정되기까지

---

*광양 홈플러스 화랑에서.

해를 캐다

전교생이 강당에 모여 커튼 치고 반공영화 〈나는 공산당이 싫어요〉를 보았다 영화가 끝날 때까지 많이 무서웠다 어린 동무가 죽었다

조팝꽃이 핀 무덤을 팠다 까맣거나 누르스름한 뼈들은 단단한 것 순으로 흙이 되고 있었다 역력한 후회를 남겼던 무덤, 꽃이 하얗게 핀 명당을 팠다

사람에게 삽질해본 일, 삽으로 고구마 캤다 흙이 익어 갈라진 두둑 속에서 붉은 망토 뒤집어쓰고 황토 파먹는 해를 캤다

목이

태풍 볼라벤에 쓰러지기까지
태백산맥 지류 넘나드는 구름 떼 거느리고
벌교 뜰 피맺힌 항쟁에 서 있었다
미국 깃발같이 섰던 미류(美柳)나무,
제석산(帝釋山)이 갯마중 가는
별량 과동마을로 이주하였다
죽어 다시 사는
뜻 없이 섰다가도
뜻이 되는 대지의 것
단단하게 세워졌다
소나무 연못 솔정지에 서서
기호적 언어가 되었다
돌에 귀가 열리듯
나무에도 귀가 열리는 법을 냈다
비쩍 말라붙은 고흐가
귀 잘라 들은 말이 무엇이었을까
참을 수 없는 난청의 사내
서른일곱 살이 하얗게 피어났다

아도, 아도여

인사동 골동품 가게 벙어리질그릇 아도(啞陶)
만나고 싶어
새벽차 타고 네 시간이나 달려갔다
장용의 자사호쯤은 못돼도
정도전의 농간 하나쯤
품에 안고 올 수 있었으면 했다

나의 상경은
오랜 버릇처럼 다시 도지고
사진 한 장 남기지 않은 추억이 더 그립듯
아도 얼굴은 안개처럼 자욱하였다
다행히 그녀가 있어
벙어리 삼 년 오지게 당해낸 시집살이
검은 자사호 하나 선물하고
서울을 버렸다

셀 수 있을 만큼의 고맙다는 말이
아프기만 하다

광화문, 숭례문에 불 지르던 소리
아련하게
밀어내고 오던 날
멀구슬나무도 그때 그렁그렁 피고 있었다

마라의 소녀

낙타같이 콧구멍 벌름거리며
사탕 가로채는 아이들이다
한때는 우리도 '헤이 헬로우' 하던
미제 초콜릿 아이들이다

사탕 받아 제법 큰놈에게 상납하고 있다 홍해가 퍼렇게 보이는 모래땅에 사는 놈들 나의 앵벌이가 다시 빨리빨리 외쳐대는 동안 한 번도 짚어지지 않은 건반 쪼그만 계집애가 까맣게 밀려다닌다 안쓰럽다 쏘시지 껍질 벗겨 손에 쥐어줬다 방망이 던지듯 모래구덕에 처박아버리고 대자로 울어버리는 그년의 음 자리 당황조라는 것 몰랐다

사탕밖에 모르는 어린년 그럴 줄 알았다 홍해 지나 사흘 길 탈출하던 때도 물 달라 앙탈부리던 마라의 샘 에셀나무 그늘 찾아 머리 디밀고 들어오던 바람 야자수 꼭대기 쫓아 올라가 이빨 빠진 노래 던지는 수르바람은 쓰다

물 세상 너도 만났다

마른 낯짝에 솟아나던
네 눈물 만났다
황무한 내 샘에 물 깃던 어린년만 괜스레
울려놓고 왔다

익다

익어지면 곧
떨어져 돌아가야 할

새벽이면 잠바 걸치고 교회 간다 찬송 한 소절 주억거린다 눈물보다 콧물이 먼저 기어 나온다 은혜로운 자리 손가락 끝으로 찍어내는 꼬락서니 때문에 음절이 비척거리다 이탈한다 아내는 재빠르게 휴지 뜯어 던져준다 오늘도 콧물에 여자의 치다꺼리 받는다 이현필 선생의 거지 오장치 지고 나서듯 믿어야 쓴다고 당부하던 말이 생각났다 십자가의 원수가 나 말고 달리 누가 있을까 허접한 껍질뿐인 나는 잘 익은 눈물 새록새록 만져보고 싶어지는 멍텅구리

몰캉하게
해가 떨어지고 있다

중마동에서 동주를 생각하다

제 몸 밀어야 간다
뿌리쳐야 갈 수 있다
널 두고는 강이 깊을 수 없고
저 산이 높을 수 없다

달 싣고 돌아오던 밤배 득실거리던
여기는 광양항
복판 달리는 말처럼 서서
뱃고동 울리는 중마동(中馬洞)이다

북간도, 평양, 연희전문학교, 후쿠오카
종말의 닻 부리고
밧줄로 묶어놓은 시
곰삭는 바람이
비리다

매화마을에 꽃은 가득하고
올해도 순질한 너의 시 다 읽을 수 없다

LA 플라워

피아노 위에 커다란 유리병이 놓였다
장미넝쿨 이층집에서 날아오르던
슬픈 로라,

나는 내 속에 들어 있는 사랑이
슬픈 것이라는 것을 배웠고
이별 없는 사랑은 죽은 것임을 알았다

두원면 학림(鶴林) 마을에서
흙 한 줌으로 시 한 자락 눌러 덮었다
비틀거리던 시골길
길이 치마 속에 들어가 죽는
술통의 즐거움 읊으며 떠난 시인을 덮었다

까치가 개처럼 짖어댈 때마다
황토 더듬어
학이 머무른 자리에서 죽지 않는 사랑
이별을 받았다

유리병 같은 나의 사랑과 무덤
파란 꽃 접어
나처럼 이 길 걸어들어 와
시인의 이름 부르며 바친 꽃 앞에 섰다

학 접고, 꽃 접으며
사랑을 만지작거리다가 떠나는 우리들
겨울 햇살이 따스한 시가 되듯이

식물공장

떡 할 때는 솥단지 위에서 푹푹 김 뿜어내다, 술 할 때는 고슬고슬한 고두밥 익혀내고, 콩나물 숙주나물 키울 때는 검정치마 살며시 들쳐놓는 시루, 물시계 달고 구천(九天) 오르는 분화구 늘 참한 손에서 길이 났다

집집마다 익혀내고 길러내던 옹기에서 양은까지, 우리들의 방앗간 초라한 식물공장이었다 미나리가 솟아오르고 고구마 양파 뿌리 말던 커피병 자연을 옮겨놓기 시작한 3차 농업이다 이젠 극지와 남극 어디든 시루의 연대가 매겨지고 있다

화성인 와트니가 보내온 파란 감자 싹과 청동기 벽화 시루에서 물소리가 난다 딱딱한 시룻번 깨물던 나의 귓속에서 조롱박 물소리가 난다 청정한 녹색 소리, 인류가 마지막 교신하는 암울한 세기가 똑똑 떨어지고 있다

제2부

솔포기 같은 연애

정지에서 늘 덤벙거리던 어머닌, 습진이 벌겋게 피어나면 솔가리로 따서 죽이고 또 따서 가루약 쳐 염장하며 담배 한 대 뱉어내던 골초였다 담배만큼은 당당했기에 아버진, 부엌만 기웃거리다 불 심부름하는 척 아래채 부엌으로 나앉아 막걸리 자작하며 통마늘을 씹었다 고약한 골초와 주사가 서로 부엌에서 팽팽하게 살았다 툭하면 칼부림 나는 나라, 차 태워 수장시키는 나라, 토막 쳐서 냉동하는 나라, 생명보험이 즐거운 나라, 연애는 팔팔해도 결혼은 죽어가는 나라, 둘이는 누덕누덕 살았다 그래도 솔포기 같은 이만한 연애는 없다 솔수펑이 아래 팔십일 년 살다 갔다 무엇을 더 입증할까 끝까지 손잡고 배웅하던 연애가 가엾다 무덤 가는 길, 솔가리 짱짱하게 꽂힌 붉은 고갯길, 꼬불꼬불한 길이 따끔따끔하다

물의 경계

물 한 방울이라도 통 닿지 않게 하시오

물길 두고 통고받으니
왜 옆집과 담이 필요한지
담을 등 뒤에 붙이고 사는지
냉정히 정리가 되었다

담 넘어
윗집에서 날아오는 꿀벌
받아놓은 빗물 깃느라 윙윙거리는 소리
잠 못 드는 딸내미
밤마다 쫓아버리기 일쑤인 날이 새고
사고 난 벌
꽃들의 하반신에 부어준다

꽃과 섞어 떠나보내는
망자의 분골과
물 벽 사이로 가는

사람, 사람들의 고뇌가 물결이라 했을까

들판 지나
벌판 지나
미끌미끌 몸부림치는 물 끝으로
우리들은 한시 없이 흘러가겠지

다시는 서로 볼일 없을 것이라 믿으며

삼합의 겨울

나의 겨울은
손톱 밑 갈라내며 온다
보도블록 들추고 서 있는 가로수처럼
아파서 쥘 수 없게 온다

나는 몇 달간 잡부였다
장작불 피우고
일머리 시작하는 공사판 시다였다
벽돌 나르고 회반죽 이겨 떠주는
일당도 없는 하급자였다

동지쯤 인부들은
삼십 평 얼버무려 놓고 떠났다
때맞춰 김장하는 날
눈꽃 떨어지는 담벼락에 기대고 서서
홍어 한 점 집어 들던 손가락
흔들거리는 억새였다

나의 겨울은
조개같이 삼합으로 온다
불그스름한 살 한 점 살아서
시멘트 독 해금하며
해마다 바글바글 쓰라리게 온다

올겨울
그 집에 누군가
간절히 무릎 꿇는 이 있었으면 좋겠다

맷돌 두부

부글부글 끓는 가마솥에
간수 부어 엉겨들게 하는 솜씨
그의 전모가 보인다
풀밭이 보이고 새들 날아 앉는
나리꽃 만발한 들판에
애들이 달려들어 안기고
고깃배 기다리며
몽글게 삭정이 불 피워놓는
그게 나의 신이다
가난한 눈물 아낌없이
건네주는 나의 신
무릎 꿇고 다짐하며 빌어주는
나의 신
그 누구에게라도
애절하게 달려드는
맷돌 두부 새하얀 고요 같은
그게 나의 신이다

장마

땔감 하라고 빈집 두어 채 뜯어와 매화나무 옆에 쌓아놓았다 삼 년은 모자라지 않을 것이라는 부부의 구름, 붕어 떼 몰고 다녀갔다 유두사리 장마가 떴다 물비린내가 번지기 시작하였다 나뭇더미에서 나는 큼큼한 냄새, 마룻장과 문지방 집 냄새가 솔솔 풍긴다 헐린 벽체는 앙상한 가시로 왔다 배고픈 부엌 냄새 창살, 찬장, 시렁, 서까래 더 지독하게 코를 찌른다 솔가리 연기에 얼마나 절었는지 귀 떨어진 소반다듬이가 냉큼 일어서지 못하고 엎어졌다 쥐눈이콩, 서리태가 와르르 쏟아졌다 뉘가 났다 언뜻 함석지붕 두드리는 소리 수국도 나랑 같이 들었다 지난 초여름에 말았던 파마가 풀어져 푸석푸석한 수국, 고향 집 안마당에 파르르 풀어놓던 수국, 베수건 눌러쓰고 풀 그늘 자욱하게 붉던 어머니가 빗줄기 치고 훅 달려나왔다

첫눈에 그리다

주눅 든 아이에게
날개에 바람 잔뜩 없어 흔들어주다

오늘은 첫눈 받아
절망의 깊이를 고누고 있다

눈치 새끼들
잔등 펄럭이는 섬진강

휘저어
치켜 오르는 첫눈의 잔치를 놓치랴

고도의 절망
고도의 기쁨

휘몰아치는 숨소리가 깊다

절벽 끝으로

날카로운 별이 파르르 박혀 떨린다

붉다,

지상의 높이만큼 가늠 난다 하여도
절망의 그림은 없다

당아

해남 댁이
자개농 열고 꼿꼿하게
영감이 입던 옷가지에다 주섬주섬
혼잣말을 놓았습니다

—당아 쓸 만한디 언제 다 입을까

입 안에서 빙그르르 돌아
궁치는 말
귓구멍에서 뒹굴 다 풀어지는 당아
아직이란 말 아십니까

자개농 열 때마다
뛰쳐나오는 젓가락장단
족제비 같은 술집 계집년들의 소리
가둬두려다가

—팽야 잊을라구 살아온 일인디

이제 그도 서러운 것이라서
몸뚱어리 흔들고
앙가슴 헤치며 울려 나오는 팽야
어차피를 아십니까

정이품송

흠뻑 박수 쳐주는 것은 잘 살았다기보다
좀 더 잘 살기를 응원해주는 것이라 고마워요

오늘 내 새끼가
까딱 없이 서 있는 놈인 것을 보았죠
저놈을 내 밑에 켜야겠다는
몹쓸 생각 안 한 것은 참 잘했다 싶어요
어쩌면 날 분질러야 할 터인데
나 분지르는 것이야, 뭐
저놈이 살 땅에다 만 배나 값을 쳐야 할,
말해서 뭐하겠어요
씨알 바로잡으려면 땅에 매였다는
말 아니던가요

수술하며 썩은 살 도려내던 의사 말이 맞아요
내 몸뚱어리서 흙냄새 콧구멍 지르더라는 말
참말로 그 말이 맞아요

나로도 봄비

비 맞은 꽃이 훨씬 예쁘다면서
노래 얹어 사진을 띄웠다

꽃이 걸고 있는 빗방울
물 좋은 새벽 비란 것을 알겠다

칼 가는
일육수산 여자
흔들거리는 진주 귀고리 닮았다

사양도 동백꽃 꺾어 물고
갈매기 날아와
쑥섬 꽃들이 젖어 흐르는

바다가
비에 젖어 핀다는 것을 알겠다

아이스크림 날개도 팝니다

새들 가운데 만만한 닭, 날개는 맛있다
는 말 해치운다
나는 바람나고 싶다, 늘 날개 차지하는
암매의 바람은 내 쪽으로만 분다
어쩐지 산다화는 초겨울
붉게 불러오고
화단 중앙에 심은 계략이 먹혀들어
나도 맛있다, 고 아양 떨어댄다
이젠 개 사료가 필요하다
개도 산다화에 묶여 있는 식구다
마지막 날개뼈 핥아주는 입술
우리는 존중하고 있다
사료 가게 지나
아이스크림 공장 방지턱에 모든 차들이
걸려든다
나도 걸려들었다
달달한 목젖이 정지되는 순간
'아이스크림 날개도 팝니다'

날개 달린 아이스크림에 눈이 삐었다
나는 내 남자로 돌아가야 한다, 문득
화장 고치고 있을 여자
여자의 화장은
글자 고쳐 쓰는 일이었음을
낱개가 날개처럼, 나는
전사의 얼굴은 무시무시하다, 고
중얼거린다
화단에 떨어지고 있는 산다화
날개는 맛있는 닭이라고 말해가면서

부부

당신 닮아서 더 빨갛고, 채 노랗다

밤낮 둘이는
가려운 등 돌려대고
별처럼 긁어주는 꽃 동무
이순 넘겨놓고 알았지만
천연스럽게 귀가 열려 서운한 말
빨갛게 석류 알처럼 박혀
입이 벌어지는데 잘 익었다 하더군

별것도 아닌
말 가지고 흔들면
나도 가시 달린 나문데
꽃 속에 들어와 자고 가는 달
혼곤히 삭힌 사랑을 어떡할 건가
나 고홍 남자네
가락동이 물씬거리는 유자 아닌가

쪽보다 더 푸를 수 있는가

서 마지기 수렁배미 논 하루 점드락 훑탕 치며
애벌지심 죄다 매보았다

산 한판을 갈퀴나무, 푸장나무, 등걸나무로 다
해치워본 적도 있다

손바닥 살점 떨어지도록 도끼 메쳐
장작 온종일 패본 날도 있다

자가품 난 손 불면서 자갈논 모 심다
해거름에 두 다리 뻗고 울어본 일도 있다

눈물 상다리 타고 천길 미끄러질 때
고이 모셔라 주사하시던 스승님은 망백이셨다

나는 악마의 선에서 살았다

결이 곧아 아프게 하였고 미안하게 살았다

세상에서 가장 아름다운 이름
동글동글 유치원,
김치전, 파전, 호박전,
소녀의 눈동자, 꽃을 문지르며 오르는 봄,
산에 걸린 하루, 새파랗게 깎은 무덤,
하얗게 씻어 엎어놓은 밥그릇,
산사의 우물,

대나무에게 물어본다
참나무에게 물어본다
나는 기개도 없이 참된 것도 없이 살았다

아이의 입에서
호수는 거울이라는 말이 나왔다
푸른 이마에 스치는 바람이 비범한 아이
천사의 입으로 온

가을이 깊다

오리 한 쌍에 뜬 결이 둥글둥글,
붕어가 만든 물방울,
너에게 달아주는 말풍선,
네가 불던 비눗방울,
주름진 강아지 눈에 맺힌,

지렁이에게 물어본다
서리뱀에게 물어본다
나는 곧은 듯 구불구불 살아오지 못했다

아귀탕

아귀탕 한 뚝배기씩 하고
어물전 들러 나오는 길에
칼질하던 아낙은 아귀 배 가르면서
애 빠진 탕은 탕도 아니라 하였다

그런 것
기가 막히게 맛났던 것
애 잔뜩 먹고
손양원 목사 순교지
좌수영로로 나오다 불러진 배를 만졌다

무일푼 그이 눈먼 그이 절름발이 그이
나병 그이 난쟁이 그이 성 밖 그이
배냇병신 그이 귀먹고 말 못하던 그이
중풍 그이 몸 팔던 그이 세관 그이
귀신 들린 그이 개가 핥던 그이
간질병 그이 무덤 속 그이
천박한 그이 부랑하던 그이 천덕구니 그이

맨 끝자리 그이 어린 그이 새끼 잃은 그이
강도당한 그이 날품팔이 그이
하혈하던 그이 손 마른 그이
들것 실린 그이 모가지 잘린 그이
머리끄덩이 달리던 그이 고함치던 그이
철철 울던 그이

아귀 뱃속에서나 뒤져 나올 이름들

동인이 아버지 애달픔이
도막도막 지피는 삼거리 둔덕쯤에서

동백 속으로 걸어가는 노을
칼 치는 미소가 하늘을 가르고 있었다

청춘

제 물 제가 받아 내리는 콩

새물 갈아
몸 불리고

마침내 터져
머리 들어 올린다

비극에 물들지 않은 영혼아

제3부

향단이 생각

가을비 부슬거리는 육모정길, 사람이 적었으면 아마 비 거두지 않았을 것이다 춘향이 누운 자리에서 시작한 길, 주자(朱子)가 발 담근 때 이른 밥이나 먹고 가자 성에 차지 않으면 배만 고프다고, 나물밥에 참기름 떨군다 청국장엔 월매 넉살이 들어가 감질나고, 향단이가 버무린 도토리묵 말랑말랑 젓가락 차며 떨어진다 봉긋 솟은 놋주발 금세 행랑에 던지고, 머루주 한입 헹구며 성삼재 넘는 동안 안개가 자꾸 불러온다 매번 춘향이로 시작하고 춘향이로 끝나는 길, 자전거 탄 씩씩한 여자 알 밴 장딴지, 비늘 털며 소나무가 용천한다 열두 자 노고할미 거웃 상단에서 흘렸으니 저 또한 이 산의 측근, 상상이 떨어지려면 죽어야 수인데, 처박고 살아서 가라고, 길목에 싸놓은 모랫더미 앞에서 브레이크 밟는다

땅에 쓴 글씨

고추 심는 저이가 너보다 공부했으면
얼마나 더 했겠냐
무식이 난리 통에도 살게 했다

너는 보거라
흙 갈라 이랑 세우는 이치를 보거라
장 절 뒤적이다 예배 다 놓쳐도
농약병 던지고 살아난 사람이다

삶의 끌텅에 무슨 관 쓰겠다고
목숨에 손대지 못한 게 아니다

그것도 지긋한 막판에서 말이다
산다는 것 말이다
죄라는 것 말이다
발로 쓱 문지르면 끝날 줄 아느냐

너는 다시 보거라

하얀 고추밭

저이가 절절하게 쓴 솜씨나 읽어봐라

봄비

소리 없이 무너지고 부서지는 것들

하늘로 다시 모여들었다, 대신에
꽃이 울렁거리고
새소리가 떠나지 않는다

사람들은 꽃으로 말을 걸고 있지만

봄비 실어 와
풀어주기까지
얼굴 하나 찾지 못했다

후드득,
후드득,
황토밭 갈겨대는 소리 곧게 들린다

— 호랑인 제 새끼 안 잡아먹는다

무슨 소리지
잠시 꽃이 정지하였다

빗새, 갓난아기처럼 울기 시작했다

청려장*

풀 짚고 바람이 일어선다

모시옷 차려입고
동네 한 바퀴

풀 짚고 바람이 걸어간다

부모 맘에 불 먹여놓고
사랑이면 다 용서받으며 살리라 싶어서

풀 짚고 바람이 절뚝인다

솔밭 끝에서
비둘기가 걸고 부르는
소리 푸르다

어디서 다시 되돌아올까

---

* 청려장(靑藜杖): 명아주 줄기를 말려서 만든 지팡이.

한때는 비적이었다

비적 떼 세워 떼거리 힘 어거지로 밀어 넣기도 하였다 어쩌다 딴 세상 바라고 맞서던 그들, 그들 이름으로는 환영받지 못하고, 선량치 않은 이야기 결말은 늘 그랬다

빙어에 소주잔 기울이고 있는 중년 여자들, 그 앞으로 보내고 있는 매화나무와 벚나무, 그렇게 섬진강은 어두워지고, 어두워지는 강처럼 굽이치는 봄날 가득 저문다

꽃이 돌아가고 있다 비루한 꽃 던져 쓰러지던 날처럼, 다 떨어지고 난 서러운 땅에, 우듬지로 평온의 날이 떼 지어 오는 날까지, 비적한 꽃은 꽃으로만 불릴 수 없다

어깃장

임실 관촌리에서
관목들이 남방한계로 살고 있음을 알았다

산개나리,
가침박달,

〈전주⇔남원 장수⇔정읍〉

사방 팔 걷어붙인
중심의 무게가 지긋이 실린 연유
엇그제서야 알았다

토수인 아버지 경험 한 자락 들었던 내가
어깃장이란 말의 무게 지고
다시 관촌리 빠져나오다
지리산 따라 걷고 있는 발을 보았다

때론 난감하던, 거부하던 발

어긋난 상처 툭 불거진
힘줄 보았다

구들이 따뜻한 것
너와 내가 푸를 수 있는 것
서로 잘 맞닿는 것이 믿음이란 것

이쯤에서 내가 해야 할 생풀의 겨울나기는
바람을 푸르게 키우는 법
겨울 산처럼 사는 것임을 보았다

고명

다 늙어서 이제 더 볼 장 있겠느냐마는
눈물 배서 죽겠다

늙은 처지에 더 서러울 것이 뭐 있다고
눈물 뺐을까
한 동네 제금 나 살면서도
뜨신 밥 한번 풀 줄 모르는 새끼
늙은 처지에 더 서러울 것이 뭐 있다고

죽을 날 팔면 급전 둘러 사 바칠
무정한 놈
태풍에 작살 좀 났기로
거적때기처럼 서 있는 저 꼴이 뭣이냐

중치가 콱 막히는 날이다
한 치 건너 두 치라고 저놈 노적가리
마른 눈으로 볼 재간 있어야지
탯줄 잘라 키운 것이 뭐라고

야, 이놈아
목구멍으로 후룩후룩 넘기는 국수 가락
질긴 명줄 썰어 얹어준 눈물이
고명인 줄 너는 모를 것이다

명자에게

봄이 오면 네가 다니던 발소리 밀려와
슬며시 닿는 지금 나는 쓰러진다

너를 기억 못하던 것처럼
봄 되면 오고 봄 되면 떠나는 사랑은
꽃의 한 패거리더라

서울 여자가 늙은이 마누라 한다고
기천만 원 받았다더니
화단에 선 너를 처참하게
낫질해댄 것 보았다
각시, 불온하고 불순한 낭설가지 죄다
후려쳤더라

다시 꽃으로 오겠나 싶었다
열중했더라, 네가 많이도 고생했더라
모관 줄 알았다
목매달아 익히고 있는 사랑을,

콧구멍에 부는 바람

병든 아들 방바닥에 깔아놓고서
짐승 소리로 울었다는 여자
얼마나 술지검지 같이 짜냈을까
지성껏 한 잔 올리고
잔 지우는
제주(祭主) 같다는 생각이 왔다
이젠 산 사람 위해 술을 따르게
만 갈래 쓴 뿌리 적시고 절이는
한 잔
그 맛이 어떤가
콧구멍에 향기로운 바람이 분다
바람이 분다, 꺾어 마시던
마지막 잔
바윗덩어리 웅크리고 앉아
주둥이 연신 쪼아대는 독수리가
울었다

봉문이발소

착한 이발소 봉문 의자 낡았다

경칩에 다시 앉은
귓바퀴 잔털 슬며시 사라진다
구레나룻 아래
폭설 맞은 오월

—삼월에 장독 깬다 했어라

칼은 막 미간 지나가고
이마빡 아래 뜬
눈썹이 쭈뼛 칼끝 건든다
턱수염
파랗게 잘리는 아침

—부추 한 다발에 오천 원

창호지 젓갈 내리는 소리

졸음 깔고 밀려와

청매가 하얗게 나붓대는 봉문
이발삯도 오천 원이다

모래가 운다

십 리 모래가 운다
몸부림치다, 까무러치다 다시 운다

불온한 바다에
여자는 오늘 울음꾼으로 여기 왔다

부서지는 것들이
서로 위무하는 곡간(哭間)에
시원하게 울어주고 싶어 왔다

제 서러움은 섞지 않을 것이다
마냥 울어주려고 왔다

고래 등 같은 집이 무너져
돌무더기가 되고, 게딱지같은 집이
가루가 되게 사람 없을 거라는
아모스의 말,
그 말 울러왔다

백파(白波)가 떴다,

하얗게 깔아놓은 여자

입동 서리

이슬 대신 서리 내린 마산마을, 서리 맞은 고구마가 꼼짝하지 못한다 고구마줄기 달러 오는 서울상회, 용달 클랙슨 소리가 끊어졌다 마산 할미들 손톱 밑 시커멓게 물들어, 북장질 한가을 넘어가고 있다 일관에 오천 원 하루 동안 육관 달리던, 할미들의 소임 끝났다 어제는 노인정 대절 차 타고, 함평국화축제 갔다 오고, 오늘은 마을 목간통에서 한나절 불은 때 벗기며 겨우살이 시작하였다 그렇게 입동은 서리 풀어놓고서야, 고구마밭 차지하기 시작하였다 꼭 제 돌 만에 허파 물 빼고, 천신만고 최 씨가 살아왔다 돌부리 차며 뻗어나던 잔디 같은 명줄, 마나님 고구마 포대 반짝 업고 들어간다 물 짜게 생겼거나 말거나, 마산 할미들 한해살이는 고구마줄기 둥치며, 다 입동서리 덕택이란 말로 접어간다

새우비

애자 누나가 새벽기도 시간까지 눈감고 드리는 기도가 있다 눈 속에 잠 한번 심어보고 싶어요 마른 눈에 심은 잠이 번번이 시들고 자빠지는 통에 흉년이 대수다 잠은 못 심어도 누나의 가엾은 눈에 고인 송진 같은 기도 오늘 아침에는 는개가 내린다 새우비다 새우비가 온다 가을마당에 별 소용없는 비라지만 초롱거리는 누나를 처음 봤다 어젯밤도 홀로 새우잠 잤다 지난가을 저수지에서 건진 새우로 토하젓 담아 이 집 저 집 귀한 거라고 몇 번이나 주문하던 누나의 비는 가늘다 잠도 구부러지고 조그맣다 유난히 새우 좋아하는 누나 호박잎이 팔딱거린다 새우 떼 몰려가 오래 잠들게 하루 종일 내렸으면 좋겠다

햇빛 오브제

캄캄하다
방구석에 누운 고추들 사이
여자 혼자 비좁다
태양과 하루 내내 같이 했던 여자는
한 근 한 근의 무게와
통쾌하게 가루 될 수 있는 등신
약간의 부제 달아놓는다

구들에 골고루 잘 말린다

캄캄하다
여자는 화장수 얼마 흘린다
어둠이 조금 닦여진 듯
금세 캄캄하다
비가 쏟아진다
자기 일로 난처한 그들
고추밭에서 쿵쿵대는 소리 들린다
고추 몇 개 도둑맞은

여자의 허리 펴지지 않는다

고추가 탄저로 푹 썩는다

하얗게 선언한 백김치
고추와 같이 말라갈 여자의 방
햇빛이 금줄을 가늘게 치고 있다

도장을 팠다

충장로 도청 앞에서 인장 명인에게, 한 자에 만오천 원씩 주고 도장을 팠다 한 달 식권 값도 더 되는 삯, 선뜻 퍼주고 도장을 팠다 탄피만 한 상아, 한글로 새겨야 깨지지 않는다고, 떨면서 파던 명인의 손끝이, 광주를 더 슬프게 하였다 팔십칠년, 망월동에는 새 무덤이 늘어났다 비석에 그 이름 새겨지는 동안, 나는 인감도장을 팠다 혁명의 유월, 도장나무 까만 열매같이 가슴마다 검정 리본 달고, 독재 목 놓아 파내고 있는 동안, 나는 상아도장을 새겼다 붉은 피 묻혀 찍지도 못할 뼈다귀, 나도 낯선 내 이름을 팠다 코끼리처럼 죽은 유월의 아들, 도장밥에 대가리 박을 때마다, 꽃보다 더, 그 이름 붉게 떠오르는 도장을 팠다

제4부

물에 비친 산은 젖지 않는다

대룡동 신석보에 여름이 왔다 물수제비 한 발, 망종의 아침이 파닥거린다 대추산 집어삼킨 잉어 솟구치다 떨어진다 뻐꾸기가 섞은 허튼소리 동그랗게 퍼져 나간다 나의 여름은 심심하고 싱겁다 덩치 큰 참나무 타고 담쟁이가 물어내린 이사천, 제비가 물수제비 댓 발이나 더 잘 떴다 나는 가라앉고 제비는 훨훨 난다 간밤 꿈의 색이 기억나지 않는다 암전이 되었다 나는 여름 색을 잃어버리고 있는 것이다 오늘도 앞산 토성은 무너지고 있다 나도 천천히 무너지고 있다 하지만 강 건너 자르르 옷자락 감고 오는 성주의 딸, 해룡산은 오색의 날라리가 되고 있다

전라도 오소리

전라도는 내 고향이지요 정월 스무나흘 동틀 무렵 생사 바치고 자신 미역국, 어머니 냄새는 그때나 지금도 기억나지 않아요 임신한 어머니 뱃속에 있는 내 머리빡 쓰다듬으며, 어르던 노래 있었을 터인데, 진주정씨 문중 반열에 메길 족보, 새끼 이름 석 자 고뇌했을 터인데, 임신독이 높새바람보다 깊었을 터인데 기억 못해요 삽날도 자빠뜨렸을 언 땅 갈라내, 벗어놓은 내 태 싸다 묻은 아버지 생각고, 자식 흉년 보답으로 석관 합장묘지 써놓은 뒤, 다시 열어볼 염두 못 내고 거짓부렁이 쌍태 배처럼, 고향집 마당 어귀에 띄운 불효식이랍니다 그렇게 오소리 굴 같은 고향집 떠나, 울며 왔다 웃으며 간다는 고홍, 첫째와 둘째 낳고 기념하여 팔영산 영봉 두 번이나 올랐지요 화순에서 셋째 얻고는 무등산에 올라 그제야 남해의 푸른 바다 망망한 아버지 눈물 흘렸습니다 흐르다 멈춘 자리마다 오소리 똥 냄새, 지독한 그늘, 서리 길 발목 매도 전라도가 내 고향이지요 토닥토닥 정붙이고 살면 부부이듯, 그럭저럭 고향이려니, 아버지 어머니 뻐꾸기 소리 뜨는 공원묘지에서, 간혹 태안 오소리 집 다녀오는지 꿈길에 오시더군요 참으로 싱싱합니다 고향 잊을까 취선한 전라도 길, 흙 토막에 바른 미사리

냄새, 끝없이 넘실대는 오솔길, 여름 산에 출출 살아도 나는 전라도 오소립니다

운조루 가빈터에서

전라도와 경상도 섞어 만든 집 가자면
섬진강 따라야 한다
전라도는 개방이고 경상도는 높이에서
금가락지 떨어진 형국에 세운
구례 운조루
벌써 가죽나무 잎은 세서 그늘이 짱짱하다
서둘러 간다는 것이
매실나무마다 묵중하고
앵두는 햇살 독 올라
금방이라도 터질 것 같다
홍살대문에 걸려 있는 호랑이 뼈
매년 조상의 뼈만큼이나 궁금했다
호랑이 뼈는 사라지고 없다
봄도 도둑맞는 판에
땅은 한참 젊어지고
몸은 무장 늙어지니
덤덤한 늙은 종부의 타령
행랑채 끝 가빈터* 앞에 발길이 붙는다

백골 되어 떠난
마지막 고인의 이름
빈 들에 뼈들의 노래 가득하다
병풍산 아래
섬진강 휘돌아 적시는 오미동
초록 뼈가 소리 없이 일어서고 있다

---

*가빈터: 집안에 죽은 사람을 모셔 두는 곳.

돌산 갓

남해의 바람과 흙에서 누비진
긴 숨 토막 끊지 않고
무엇으로 일어서는가 물은 적 있다

노지에 엎어져
소래기 같은 궁둥이 아래
돌려놓는 남새밭으로
퍼런 이마 맞대어 일어나는
눈부신 빛이 누구의 식솔이더냐, 고
긴 밭둑 따라가며 떨어진 시야로
약(藥)이 올라 달려오는 갓

알싸하게 코끝 훑어내는
그녀의 한 가닥 살림
햇살에 익은 살갗만큼이나 농후하게
설렌 적도 없다
갓 먹는다는 것
눈물 핑 돌리는 묵은지

굳은 몸 풀어지도록 먹는다는 것
겉절이 풋것만으로도 식성 살려내는
갓 먹는다는 것

사랑도 이렇게 담글 수는 없을까
한 소래기 돌산 땅에서 받아낸
토종 씨알처럼 새끼들을
우리도 이렇게 키울 수는 없을까

낙안온천 가는 날

금전산은 금강산 한 자락 같다 해도
서러울 것이 없을 게다

화엄 한 바람
저녁 하늘에 붓고 있는 금전산
이마에 서늘한 빛이 돋는 날이면
나는 아픈 새가 되고 싶어진다

상처 난 날개와 다리에 한 사나흘쯤
따뜻하고 매끈한 온천수 바르는
학이 되고 싶은 날이 있다

꽃물 적신 창포 바람
통천문에서 나와 북상하는 봄날
고향 하늘로
미어지게 떠서 끼룩끼룩 날아가는
날개 부러운 날 있다

오금재, 불재 꽃불 타올라
철쭉 한없이 산자락 물고 오르면
유황 물 한 바가지 정수리에 붓는다

뼛속까지
당신에게 물들고 싶은 날
묵묵히 걸어 들어가
봄물 속에서 뜨겁게 세례 받는다

어은골 이야기

학이 겨드랑이에다 알 품고 있는 형국으로
큰 사람 몇 정도는 들앉을 수 있다는 웅골,
지리산엔 마고성
백운산엔 어은골이 있다

마고할미 사타구니 털이
자그마치 열두 자
전라도, 충청도, 경상도 한 문에서 떨어져
어은골 뽀얗게 구름 띄우고 사는
섬진강 사람들이 있다

백운산은 예부터 삼정(三精)이 흐른다 하여
봉황의 기운은 죄산두요
여우의 기운은 초암마을 월애(月愛)다
몽골 왕 총애 입어 조정 청탁 처리해준
월애촌의 여인이다
돼지의 기운은
석숭(石崇) 같은 부호가 난다 했는데

더 지둘러 봐야겠지만
어은골 별을 보면 부자같이 또렷하게 뜨는
사람들의 밤이 있다

산음 안고
산에 기대어 사는 사람들
도란도란 귀 밝아 구시렁대는 이들이 산다

—아파트 80채 가진 놈이
—어
—20채 못 채워 억울하다 하드라네

근황

봄풀 푸르러지면 강화도 섬 생각난다는 선배와 산동 산수유탕에서 해병대 이야기로 때를 밀었다

봄만 되면 사방 욱신욱신하게 밤마다 몽둥이로 재우고 가는 여자, 누덕누덕 피어난 어혈 겹겹이 떼어 보냈다

입춘 바람처럼 눈빛이 매서운 선배
풍 맞고 주저앉았다

강화도 봄풀 연애 생각하며 산수유탕에서 선배 몰래 피어 있는 꽃을 만났다

예년보다 몰라보게 풍만해져 있는 꽃, 가부좌한 그녀의 몸에서 그리운 냄새가 났다

다시 삭금리에서

삼십 년 전 갈매기도 기웃거리지 않던 선창
그물 손보는 노인네 만난 적 있다
노을 잠긴 그물코에
어둑어둑 걸려들던 노인

아침 물에 건져내온 도다리
갯내가 물컹물컹 씹혀지고 있다
자연산, 자연산
연신 날것 싸서 주문 걸고 있는 식탁에
다소곳이 내려앉는 몽골 여자의
심부름이 슬프기도 하다

멀리도 왔구나, 바다 건너
초원 어디쯤 지금도 말은 달리겠지
여자도 언젠가 삘기처럼 하얗게 피면
이 갯가 못 잊어
자식의 자식 데리고 와
우리처럼 날것에 주문 걸어 봄을

차근차근 풀어낼지도 모르지

맑은 탕 쑥 바람이 가슴 후려치는 동안
오징어먹물 찜 들고 나오는 여자에게
박수를 쳤다
이 캄캄한 밤 어떻게 먹어야 하는가
뱃길 묻히고 나면
별 보며 울던 아내
딱 십 년만 더 살게 해주세요
절절히 빌던 소원을
어떻게 씹어 삼켜야 한단 말인가

또다시 봄은
갑 뺀 오징어 타고 간다
돛 꽂아 더 깊은 곳 향해
오징어껍질 벗겨 애기 장구 만들어낸
어머니에게로, 고향의 냇물로,
나 죽거든 하고 말하던

아내의 눈물로,

여기는 천년의 학이 수를 놓는 곳이다
학익진법으로 장군이 나갔고,
임권택이 소리를 날렸고,
이청준이 메밀밭을 일군 회진이다
내가 죽어 추깃물 뚝뚝 흘리고 나서
허옇게 탈골해도 날아갈 정남진이다

나는 다시 삭금리에서
먹물 보듬고 오래된 길을 거슬러 왔다

금오도 비렁길

보리수 익는 날 남쪽 바다 금오도 비렁길에 간다
돌담 치켜 든 담쟁이 손잡고 무심히 걷다
뚝 부러지게 걸음을 세운다

내 한숨쯤 아무 일도 아니다
벼랑 아래 절명한 바람
몸부림치는 바다랑 살고 있는데
내 감정으론 덧말을 댈 수 없다

처처히 살아온 그의 진실 생의 절벽을
파문에 써놓는 바다 한 장씩 뜯어보러
금오도에 간다

돌미역 춤추는 날 남해 약 달이는 금오도에 간다
굽이굽이 한 채비 잘 장만한 방풍, 머위
은은한 봄 불로 하루 종일 홍겹다

내 오랜 무상한 병이 닿는 곳

뭍으로 보낼 햇나물 보따리 묶어
대부산 잡아당겨 놓고
겨우내 초분(草墳) 밟던 바람 터는 곳

누릅나무 껍질 단단히 눌어붙어 생피 움돋는
수달피벼랑 끝 쌉쌀한 탕약 한 사발 받으러
금오도에 간다

---

*금오도: 여수시 남면 심장리.

선진리 벚꽃 노래

봄이 오면 봄새라 부르고 봄꽃이라 부르다 떠날 때는 마르게 우니 누가 슬픈 것인지 모르게 선진리성(船津里城)에 벚꽃 만발하면, 술 한 통 장구 짊어지고 동리 밖 사람들 꽃 속으로 몰려들어 실성하는 버릇, 오래된 버릇이라 하던 말 들었다

사남(泗南) 땅 화전(花田) 목화같이 몽실몽실하게 피어나던 노래, 메밀처럼 흐드러지던 딸들이 울어 에비—에비— 무섭구나, 무섭구나, 코 베어가고 귀 잘라가는 놈이 무섭구나

귀도 코도 없는 댕강무데기 당병 무덤에 벚꽃이 훨훨 넘쳐흐르고 봄이 오면 다시 에비—에비— 무데기 언덕에 삘기 꽃이 총총히 쌓여 큿소리 한번 불러보려도 소리가 모자란다 물러간다, 물러간다, 가등청정이 쫓겨 나간 삘기 산천에

꽃이여,
꽃이여,
선진리성 언덕 쾌지나 칭칭 노래 난다

적벽강

장항리 앞으로 굼실굼실 기어서 노루목 언덕배기 천년 두고 굵은 몸이 평토장한 무덤 삼키고 있었지

돌아가면 식구들에게 맑은 물이 어떻게 살더라고 말하려고 했어, 문제는 한산사 벚꽃이 한정 없더라는 거지

물길에 두고 온 옛집, 강 끝으로 던지는 벚꽃에 맞아 아픈 말 어떻게 해야 할지 강을 데리고 가면 되겠다 싶어 무장 기다렸지

하지만 강은 돌아서기는커녕 철벅철벅 울어대는 거라 꽃이지 몸뚱어리 덮쳐 이제는 수강이 아니라나 뭐래나 어이없는 수작에 걸리고 말았지

＊적벽강: 화순군 이서면 장항리 일원의 문화재 60호.

벽파진에 서다

묵향 흩날리는 진도 벽파정(碧波亭)
소전 손재형의 예서로
물보라 꽃 떨어지는 피섬을 정독한다

물기둥 하늘로 치솟고
회오리바람 빙빙 휘몰아치는 벽파진
삼별초 배중손이 칼 갈았지만
고려의 푸른 날 부서지며 밀려갔던
섬 밖 제주 물살에 정유년 구월
장군이 조선의 12척 배를 정박하였다

한나절 뱃길이던
어란포가 눈 끝에 어른거린다
늦가을 전쟁은 시작되었다
이 싸움에서 패하면 조선은 없다
울돌목이 피로 물들고
장군은 칼끝으로 조선의 운명을 썼다

임금께 바치는 우세스런 아침의 노래
사미인곡이 산천 휘두를 때
깊은 밤 바윗등 켜고
화원반도에 내린 신의 한 수 받았다
썰물이다
썰물로 쓴 통곡의 바다
장군의 바다

정유재란 칠 주갑
하늘이 감동한 이통제 나이에
사내가 가야 할 길 벽파에서 묻고 있다

운암산에 내리는 비

초여름 비치고는 과하게 내리는 날
바위산 골짝
임녀가 가만히 쳐다보고 있다

봄내 거들먹거렸을 벚꽃은 가고
굴참나무 이파리 한 주먹
뒷일 덮어서
또 하나 비워둔다는 것
계룡산과 쌍벽인 분청사기 가마터
수도암 아래 수만 평 땅 구웠던
우리 아베들 베적삼
오늘 후줄근히 비는 그치지 않는다

질탕하게 구워낸
덤벙분청 찻그릇 차 한 잔 공양하며
파릇파릇하게 서서 배웅하는 임녀
그녀의 산음이 깊다

산이 칭칭 감아 누운
밤이 새고
해거리 무논에 개구리 목이 터졌다
개구리가 업었는가
개구리가 안았는가
저 풋사랑의 비로 아베들 사랑은
언제 다 풀어놓을까 싶다

---

*운암산: 고흥군 두원면 운대리 소재. 해발 487m.

남생이

남생이가 가만히 웅크리고 있다
살아보려고
억울하기 짝이 없지만
순간을 모면했다
다시 고개 내밀고 생각해본다
눈물이 밥
이상한 밥 먹으며
태어나기 전 죽은 놈이
더 낫다는 말을 읽었다
멀거나 가깝거나
그게 그것인 거리
백 년의 문양 짊어지고
꽃 밟을까 싶어서 발이 저려오는
못난 것

해설

저항의 서정

—정홍순론

진순애 문학평론가

1. 역동적인 저항의 서정

정홍순의 시는 역동적인 저항성이 서정성과 융합하여 독자적이면서도 독특한 그만의 목소리를 자아내고 있다. 문명비판으로서 현대시의 서정은 대체적으로 문명사회에서 소외된 혹은 잃어버린 세계를 반추하는 비극적 정조로, 또는 추억을 환기하는 애잔한 그리움의 정조로, 혹은 근원의 세계에 동화된 동일성의 목소리로 구현된다. 그러나 정홍순의 시는 서정시로서는 드물게 저항의 대상에 동화됨으로써 그만의 독자적인 길을 내고 있다. 당위의 세계를 향한 정홍순의 저항적 목소리가 현대시의 서정에 새로운 길을 냄으로써 절망의 벽에

흐릿하게 걸쳐 있는 희망을 별처럼 빛나게 한다.

구체적으로는 역사적인 저항의 사건에 동화되어, 혹은 저항적인 실존 인물에 동화되어, 나아가 민중적 삶의 처연하면서도 강인한 저력을 상기하는 방언의 목소리로, 주로 호남의 그것에 동화되어 반향하고 있다. 저항적 주체와의 동일성뿐만 아니라 지향하는 세계와 융합한 서정으로도 그의 시는 유려한 저항의 목소리를 담보한다. 근대가 열리면서 함께했던 불행하고도 비극적인 세계사를 배경으로 하여 당위적인 궁극의 세계를 향한 저항의 목소리에 천착하고 있는 것이다. 저항이 있어서, 곧 저항의 목소리는 사회적 존재로서 인간이 지향해야 할 궁극적인 방향을 환기시킴으로써 개인적이면서도 역사적인 인간으로서의 존재 의의 또한 당위적으로 부여받게 하는 까닭이다.

2. 역사적 사건으로

역사는 지배와 피지배의 관계가 엎치락뒤치락하는 전복을 오가면서 발전이라는 방향으로 진행되어 왔다. 외적인 발전뿐만 아니라 정의라는 이름으로 모아지는 내적인 역사 발전에도 마디마다 혁명이 있었고 전쟁이 있었으며 저항운동이 있었다. 때문에 숭고하게 희생된 선열들의 저항정신에 동화된 정홍순의 시는 저항적일 수밖에 없다. 저항이 있어서 서정도 존재 의의가 있다고 외치고 있는 것이다.

사월, 비 내리는 프라하
돌사과꽃 가만가만 밤 받쳐 들었다
가로등 헤치고
수런수런 피고 있는 마로니에
눈부시지 마라
조등처럼 밝히지도 마라
라일락 언덕에 강바람이 차다
말발굽 소리, 늦은 저녁 꽃 몰아
수작 걸어본들
쳐다보지도 않는 냉이꽃
민들레꽃
우리들 천박한 얼굴로 슬프겠느냐
조선의 역사에
변주할 수 없는 드보르작의 선율이
아리랑, 아리랑 울 수 있느냐
전쟁 없는 역사는 역사도 아니다
상처 받아보지 않은 모든 것은
봄이 가기 전 떠났다
칭칭 감아 피는 등꽃 프라하

우리에게도 봄이 있다
밤새 출렁이는 프라하
업어치기 한판 걸어 내일은
꽃으로 주저앉히고 말없이 빛나는
역사 앞으로 떠나야겠다

—「프라하의 밤」 전문

'프라하의 봄'이 비록 짧은 봄이었을지라도, 그 봄이 있어서 정홍순에게 프라하의 밤은 밤새 출렁이면서 '내일은 꽃으로 주저앉히고 말없이 빛나는 역사 앞으로 떠날 수 있게' 하는 저항적 서정의 근원으로 작용한다. 돌사과꽃, 냉이꽃, 민들레꽃에 동화된 프라하의 봄, 곧 프라하의 서정이 칭칭 감아 피는 등꽃처럼 상처를 감아올리며 내일로의 역사를 진행하게 하는 저항의 저력이다. "전쟁 없는 역사는 역사도 아니다"는 정홍순의 언명처럼, 그리고 '전쟁은 역사 발전을 위해 파괴하면서 창조하는 필요악'이라는 칸트의 명제처럼 전쟁은 이율배반적인 역사 진행의 중심에 있다.

전쟁으로 혁명으로 반란으로, 곧 투쟁적 저항으로 역사가 어둠을 헤쳐 온 것처럼 "상처 받아보지 않은 모든 것은/봄이 가기 전에 떠났"듯이 "우리에게도 봄이 있"기 위해서는 전쟁이든 혁명이든 반란이든 겪어내야 한다는 정홍순이 프라하의 저항정신에 동화되어 그 봄을 예찬한다. 상처 받아보는 것을 필

연으로 하여 산다는 것, 곧 상처와 함께 존재한다는 것은 존재태의 이율배반성이다.

> 충장로 도청 앞에서 인장 명인에게, 한 자에 만오천 원씩 주고 도장을 팠다 한 달 식권 값도 더 되는 삯, 선뜻 퍼주고 도장을 팠다 탄피만 한 상아, 한글로 새겨야 깨지지 않는다고, 떨면서 파던 명인의 손끝이, 광주를 더 슬프게 하였다 팔십칠년, 망월동에는 새 무덤이 늘어났다 비석에 그 이름 새겨지는 동안, 나는 인감도장을 팠다 혁명의 유월, 도장나무 까만 열매같이 가슴마다 검정 리본 달고, 독재 목 놓아 파내고 있는 동안, 나는 상아도장을 새겼다 붉은 피 묻혀 찍지도 못할 뼈다귀, 나도 낯선 내 이름을 팠다 코끼리처럼 죽은 유월의 아들, 도장밥에 대가리 박을 때마다, 꽃보다 더, 그 이름 붉게 떠오르는 도장을 팠다
>
> —「도장을 팠다」 전문

80년 광주의 봄도 프라하의 봄처럼 혁명의 봄이듯 프라하의 저항이 광주의 저항으로 치환된다. 비록 혁명으로 완결된 것이 아니라 광주민주화운동으로 명명되고 있을지라도 광주의 불꽃은 혁명이다. "도장밥에 대가리 박을 때마다, 꽃보다 더, 그 이름 붉게 떠오르는 도장을" 파듯이 80년의 광주는 내일의 역사를 빛나게 할 붉은 꽃이다. 정홍순은 그 희생이, 도

장밥의 붉은색처럼 그리고 붉은 꽃의 색깔보다 더 붉은, 영원히 빛날 희생이 있어서 내일의 역사는 별이 되리라고 광주의 정신을 승화시킨다.

"임금께 바치는 우세스런 아침의 노래/사미인곡이 산천 휘두를 때/깊은 밤 바윗등 켜고/화원반도에 내린 신의 한 수 받았다/썰물이다/썰물로 쓴 통곡의 바다/장군의 바다//정유재란 칠 주갑/하늘이 감동한 이통제 나이에/사내가 가야 할 길 벽파에서 묻고 있다"(「벽파진에 서다」)처럼 벽파진에 동화된 통곡의 서정은 하늘조차 감동시킨 역사적 기개를 현재화한다. 누군가는 "임금께 바치는 우세스런 아침의 노래"를 부를 때 전쟁의 현장에서는 나라를 지키기 위해 목숨을 내놓았던, 특히 정유재란으로 초토화되었던 호남의 비극에 동화되어, 그리고 이순신의 기개에 동화되어 저항의 목소리를 잣고 있다.

3. 실존 인물로

역사를 발전하게 하는 코드에 전쟁, 혁명, 반란과 같은 집단적인 사건 외에도, 개인으로서 저항적인 인물의 영향력은 순수의 희생정신에 있을 것이다. 그와 같은 개인으로서 고흐나 윤동주와 같은 실존 인물로 정홍순은 순수는 곧 저항이라는 등식을 성립시키고 있다.

태풍 볼라벤에 쓰러지기까지
태백산맥 지류 넘나드는 구름 떼 거느리고
벌교 뜰 피맺힌 항쟁에 서 있었다
미국 깃발같이 섰던 미류(美柳)나무,
제석산(帝釋山)이 갯마중 가는
별량 과동마을로 이주하였다
죽어 다시 사는
뜻 없이 섰다가도
뜻이 되는 대지의 것
단단하게 세워졌다
소나무 연못 솔정지에 서서
기호적 언어가 되었다
돌에 귀가 열리듯
나무에도 귀가 열리는 법을 냈다
비쩍 말라붙은 고흐가
귀 잘라 들은 말이 무엇이었을까
참을 수 없는 난청의 사내
서른일곱 살이 하얗게 피어났다

—「목이」 전문

"나무에도 귀가 열리는 법을 냈"던 "태백산맥 지류 넘나드는 구름 떼 거느리고/벌교 뜰 피맺힌 항쟁에 서 있었"던 "미류(美柳)나무"가 1853년에 태어나 1890년에 작고한 빈센트 반 고흐의 일생으로 치환된다. 개신교 목사의 아들로 태어나 화가의 길을 걸은 고흐의 일생에서 정홍순은 순수한 저항정신을 읽는다. 거기에 벌교 혹은 전라도의 저항정신은 고흐의 일생처럼 죽어서 영원히 사는 순수의 정신이라고, 곧 순수함으로써만 희생은 저항정신으로 영원하다는 동일화인 것이다.

무엇보다도 현실과 이상 사이에서 혹은 개인적인 것과 세상적인 것 사이에서 그 갭이 크면 클수록 개인의 정신적인 문제도 확대될 것이다. 이상적인 세계로 기울어질 때 현실과의 균형 잡힌 저울추를 이룰 수 없는 개인은 고흐처럼 귀를 자르는 정신착란에 빠질 수도 있으리라. 그럼에도 별이 빛날 수 있는 것은 밤이 있어서, 그리고 밤의 어둠이 깊을수록 별이 더 빛난다는 아이러니처럼 현실의 어둠이 짙으면 짙을수록 이상세계를 향한 순수는 저항의 빛으로 빛날 수밖에 없다.

제 몸 밀어야 간다
뿌리쳐야 갈 수 있다
널 두고는 강이 깊을 수 없고
저 산이 높을 수 없다

달 싣고 돌아오던 밤배 득실거리던

여기는 광양항
복판 달리는 말처럼 서서
뱃고동 울리는 중마동(中馬洞)이다

북간도, 평양, 연희전문학교, 후쿠오카
종말의 닻 부리고
밧줄로 묶어놓은 시
곰삭는 바람이
비리다

매화마을에 꽃은 가득하고
올해도 순질한 너의 시 다 읽을 수 없다

—「중마동에서 동주를 생각하다」 전문

윤동주 시인을 제외하고 일제강점기의 저항시인을 말할 수 없듯이 한국 현대사에서도 전라도를 제외하고 저항을 말하기 어려운 것처럼 정홍순은 전라도 광양의 매화마을에 묻혀 윤동주를 그린다. "널 두고는 강이 깊을 수 없고/저 산이 높을 수 없다"라고, 깊은 강과 높은 산에 윤동주의 기개와 저항정신을 비유하고 있다. 윤동주의 순질한 시는 이른 봄을 알리는 매화에 비유되는데, 『하늘과 바람과 별과 시』의 시인인 윤동주가 "죽는 날까지 하늘을 우러러/한 점 부끄럼이 없기를/잎

새에 이는 바람에도/나는 괴로워했"던(「서시」) 것처럼 '저항해야 할 때 저항해야 한다'는 당위가 매화마을에서 역동적 서정으로 탄생한다.

한편 고흐의 〈별이 빛나는 밤〉과 윤동주의 「별 헤는 밤」은, 양자의 영향 관계가 사실 관계로는 무관하다고 할지라도 무의식적으로는 무관할 수가 없다. 고흐와 윤동주의 저항정신은, 양자가 처한 각각의 현실세계는 달랐을지라도 그들이 지향했던 '한 점 부끄럼 없는 순수의 세계'는 동일한 때문이다. "별 하나에 추억과/별 하나에 사랑과/별 하나에 쓸쓸함과/별 하나에 동경과/별 하나에 시와/별 하나에 어머니, 어머니.// 어머님, 나는 별 하나에 아름다운 말 한 마디씩 불러 봅니다." 에 프란시스 잼이나 라이너 마리아 릴케와 같은 시인은 포함되어 있고 고흐는 부재할지라도 윤동주보다 반세기쯤 앞서 살다 간 고흐와 윤동주가 순수의 저항적 주체로 무관할 수 없는 까닭이다.

4. 민중적 삶으로

역사적인 사건으로 저항하거나 개인적 실존태로 저항하거나 그 저항은 민중의 저항이라는 이름으로 모아진다. 저항적 주체로서의 위상은 민중적 존재태에서 찾아야 할 일인 까닭이다. 특히 인류사적으로 여성은 피지배계급으로 민중이었듯, 그중에서도 결혼한 여성, 곧 조선시대의 여성에게 가해진 피지배성은 폭력이나 다름없었다. 폭력에 저항하지 않고서야 근대적 주체라고 할 수 없듯이 민중의 저항성은 근대적 주체로서의 실존성에 있다.

> 이슬 대신 서리 내린 마산마을, 서리 맞은 고구마가 꼼짝하지 못한다 고구마줄기 달려 오는 서울상회, 용달 클랙슨 소리가 끊어졌다 마산 할미들 손톱 밑 시커멓게 물들어, 북장질 한 가을 넘어가고 있다 일관에 오천 원 하루 동안 육관 달리던, 할미들의 소임 끝났다 어제는 노인정 대절 차 타고, 함평국화축제 갔다 오고, 오늘은 마을 목간통에서 한나절 불은 때 벗기며 겨우살이 시작하였다 그렇게 입동은 서리 풀어놓고서야, 고구마밭 차지하기 시작하였다 꼭 제 돌 만에 허파 물 빼고, 천신만고 최 씨가 살아왔다 돌부리 차며 뻗어나던 잔디 같은 명줄, 마나님 고구마 포대 반짝 업고 들어간다 물 짜게 생겼거나 말거나, 마산 할미들 한해살이는 고구마줄기 둥치며, 다 입동 서리 덕택이란 말로 접어간다
>
> ―「입동 서리」 전문

민중의 삶은 자연을 사는 것이다. 자연을 산다는 것은 자연

의 순리를 따라서, 혹은 자연물이 제 본분을 지키듯이 자연처럼 그렇게 사는 일이다. 때문에 민중이 저항하는 목적은 문명의 이기에 대항하며 자연친화적인 삶을 사는 것이 그 하나다. 문명비판이 서정시의 근대적 명제이듯 반문명 혹은 탈문명이라는 저항의 방향은 인간이 자연으로 살아있고 자연이 인간과 친화적인 데 있다. 그곳은 욕망적인 자본의 문명을 벗어난 순수하고 이상적인 세계이다.

민중의 목숨은 "돌부리 차며 뻗어나던 잔디 같은 명줄"일지라도 "마나님 고구마 포대 반짝 업고 들어"가고 "마산 할미들 한해살이는 고구마줄기 둥치며, 다 입동 서리 덕택이란 말로 접어"가는 일처럼 자연을 삶으로써 지고하다. 때문에 자연을 사는 민중의 삶은 그 자체로 문명에 저항한다는 동일성의 서정도 지고지순하다.

> 정지에서 늘 덤벙거리던 어머닌, 습진이 벌겋게 피어나면 솔가리로 따서 죽이고 또 따서 가루약 쳐 염장하며 담배 한 대 뱉어내던 골초였다 담배만큼은 당당했기에 아버진, 부엌만 기웃거리다 불 심부름하는 척 아래채 부엌으로 나앉아 막걸리 자작하며 통마늘을 씹었다 고약한 골초와 주사가 서로 부엌에서 팽팽하게 살았다 툭하면 칼부림 나는 나라, 차 태워 수장시키는 나라, 토막 쳐서 냉동하는 나라, 생명보험이 즐거운 나라, 연애는 팔팔해도 결혼은 죽

어가는 나라, 둘이는 누덕누덕 살았다 그래도 솔포기 같은
이만한 연애는 없다 솔수평이 아래 팔십일 년 살다 갔다
무엇을 더 입증할까 끝까지 손잡고 배웅하던 연애가 가엾
다 무덤 가는 길, 솔가리 짱짱하게 꽂힌 붉은 고갯길, 꼬불
꼬불한 길이 따끔따끔하다

—「솔포기 같은 연애」 전문

자연을 사는 일 외에 역사적으로 민중이 저항하는 목적은 계급사회의 붕괴를 통해서 이루어져야만 했던 근대로의 진행에 있었다. 피지배계급이었던 민중의 위상이 역사적 혁명의 근원이며 저항의 출발인 까닭이다. 특히 전통적인 어머니는 강요된 희생자라는 덕목 아닌 덕목으로 민중적 위상의 대변자였고 어머니=정지(부엌의 전라도 방언)라는 실존성이 성립했다. 정지가 어머니의 실존 공간이었으며 어머니로서, 보다는 며느리로서의 존재 의의는 그 모두가 정지와 함께했다. "담배만큼은 당당했기에 아버진, 부엌만 기웃거리다 불 심부름하는 척 아래채 부엌으로 나앉아 막걸리 자작하며 통마늘을 씹었다 고약한 골초와 주사가 서로 부엌에서 팽팽하게 살았다"라고, 담배 피우는 자유를 며느리가 누렸다는 것은 역설일지라도, 그것은 자조적인 저항임을 은유한다.

"해남 댁이/자개농 열고 꿋꿋하게/영감이 입던 옷가지에다 주섬주섬/혼잣말을 놓았습니다//—당아 쓸 만한디 언제 다

입을까//…중략…//자개농 열 때마다/뛰쳐나오는 젓가락장단/족제비 같은 술집 계집년들의 소리/가둬두려다가//—팽야 잊을라구 살아온 일인디"(「당아」)에서 '당아'는 '아직'의 전라도 방언이다. "당아 쓸 만한디 언제 다 입을까"는 "아직 쓸 만한데 언제 다 입을까"이다. "이제 그도 서러운 것이라서/몸뚱어리 흔들고/앙가슴 헤치며 울려 나오는 팽야"의 '팽야'는 '어차피'의 전라도 방언이다. '당아, 팽야' 등 전라도 방언에 정홍순은 자조적인 저항의식을 투사하고 있는데, 그것은 이와 같은 방언이 희생적이자 폐쇄적인 여성의 삶을 은유하고 있기 때문이다.

> 남생이가 가만히 웅크리고 있다
> 살아보려고
> 억울하기 짝이 없지만
> 순간을 모면했다
> 다시 고개 내밀고 생각해본다
> 눈물이 밥
> 이상한 밥 먹으며
> 태어나기 전 죽은 놈이
> 더 낫다는 말을 읽었다
> 멀거나 가깝거나
> 그게 그것인 거리

백 년의 문양 짊어지고

꽃 밟을까 싶어서 발이 저려오는

못난 것

—「남생이」 전문

“꽃 밟을까 싶어서 발이 저려오는/못난 것”으로 풍자된 남생이가 민중의 존재태를 은유하는 데로 확장된다. 그것은 우화로 알레고리다. 남생이에 내재된 우의가 문명적 인간이 쌓은 욕망의 탑을 흔드는 저항의 기저로 작용한다. 알레고리는 작가의 이데올로기를 반영하는 텍스트의 구성 원리이면서 공공의 상상력에 의해 집단적으로 독해 가능한 해석원리인 까닭이듯 정홍순은 알레고리를 자아성찰과 세계 인식을 위한 기법으로 활용하고 있다.

곧 정홍순은 민중의 그것처럼 ‘억울하기 짝이 없지만 살아보려고 가만히 웅크리고 있어야 하고, 위기의 순간을 모면하고 살아남았으니 다시 고개 내밀고, 눈물이라는 이상한 밥 먹으며 태어나기 전에 죽은 놈이 더 낫다는 이상한 말을 생각해보는’ 민중적 주체인 남생이로 디스토피아의 현실을 비판한다. 그렇게 디스토피아의 현실에 대항하며 지향하는 유토피아의 세계를 풍자적 알레고리로 활용하고 있다. 남생이는 디스토피아의 현실에서 유토피아를 지향하는 정홍순의 세계 인식을 내재한 알레고리인 것이다.

문학의전당 시인선 344

향단이 생각

ⓒ 정홍순

초판 1쇄 인쇄 2021년 9월 8일
초판 1쇄 발행 2021년 9월 15일
지은이 정홍순
펴낸이 고영
디자인 헤이존
펴낸곳 문학의전당
출판등록 제448-251002012000043호
주소 충북 단양군 적성면 도곡파랑로 178
전화 043-421-1977
전자우편 sbpoem@naver.com

ISBN 979-11-5896-526-6 03810

*이 시집은 2021년 순천문화재단 창작예술지원기금을 지원받아 제작되었습니다.